최 인 락 시집

교음사

책 머리에

세 번째 시집을 내면서

여유(餘裕)

눈 감으면 떠오르고
내치면 악착같이 따라붙는
얄미운 미련아
이 어두운 곳 어딘가에

떠나지 않는 근심 걱정이
무겁게 짓눌려오는 밤
고철 된 잡념이
또 볼모로 잡혔는가?

약해지는 이 마음을 자꾸 닦달하니
수양 없이는 빈틈도 없어
꿈이라도 좋으니
잠시 한숨이나 붙일 수 있다면

(본문 중에서)

인생의 행복은 좋은 결과가 아니라 살아가는 그 과정이다. 그 속에서 삶의 희로애락을 느끼고 살아가는 이러한 순간들이 모여 새로운 삶을 전개하는 멋진 인생이라고 본다.

특히 붓을 들고부터는 더욱 그러하다. 이렇듯 내 착한 시구들이 나를 홀대하지 않고 동행함을 허락하니 이 무슨 뜻밖의 인생 덤인가?

이러한 사건들이 하나둘 모여 기억을 쌓는 동안에 나도 모르는 새로운 내가 보이는 듯해 이제라도 내 어리석은 생각들을 모두 없애고 그 빈 공간에 이런저런 시구 담는 꿈같은 습관 하나를 가지고 싶다.

인간은 아주 잠깐 머물다 가는 구름과 같은 존재라 했다. 나보다 더 연약한 삶을 모질게 살아가는 저 풀잎을 보라! 아무리 천박한 지대에 버려져 있다 해도 대를 이어 살아가는 삶의 현장 그 틈에서 너는 언제부터 무슨 생각을 하고 있었기에 이토록 내 마음을 사로잡는 것인가?

낮에는 햇볕과 땅속의 물만 있으면 아무 걱정 없

이 세상을 그럭저럭 살아간다고 평소에 그렇게 여겨왔는데 과연 풀 이파리도 자신만의 독특한 삶이 있을까?

불교에서는 길가에 돌, 흙, 나무, 벌레, 곤충, 풀 이파리 하나에도 부처가 될 수 있다고 했다.

혹자들은 자연을 함부로 훼손하지 말라는 경고의 메시지라고 하지만 이 좁은 소견으로는 그들 나름대로의 생각들이 있을 것이라고 여기고 싶다.

이제부터 이 작은 페이지에 아주 연약한 『풀잎 생각』을 실어 인생 맨 밑바닥에 눌려져 있는 많은 수수께끼들을 찾아 못다 한 진실들을 마음껏 나누고 싶다.

언제 어디에서라도 내 마음 가는 대로 붓을 들 것이요 그 속으로 한없이 빨려들면 그 맛, 그 기분은 마치 바보가 되는 것이겠지.

그 순간은 이 세상의 무엇과도 바꿀 수 없는 그 향, 그 맛, 그 기분일 것이리라.

시집 제1, 2집을 내어 놓고 부끄러워 자신감을 잊고 있었는데 습작해 놓은 시구들이 모여들자 또 제3집을 생각하게 한다.

이번에는 분명히 달라져야 한다는 당찬 각오로 부나비처럼 도전하는데 왠지 또 부끄럽다. 아무리 봐도 잔잔한 단어마다 나를 빤히 쳐다보고 계속 나무라는 것 같아 자신을 잃고 그냥 덮어버리기를 몇 번이나 했던가? 그러던 중 아른거리는 시구들이 머릿속에서 계속 떠나질 않고 걱정까지 동원하니 나도 모르게 또 집어 든다.

창작기금에 애써 주신 이민호 선생님, 좋은 책 발간해 주신 교음사 강병욱 대표님께 감사드립니다.

2019년 12월 최인락

풀잎 생각

· 최인락 시집
· 책 머리에
· 차례

1. 머물지 못하는 여운

20 - 가로등의 지혜
21 - 고기 밥 주는 사람
22 - 국수 생각
23 - 그림자는
24 - 급체야
25 - 꿈같은 오늘
26 - 낮잠은 안다
27 - 매미 허물아
28 - 맨 밑바닥
29 - 부모도 모르는 매미
30 - 성묘(省墓) 날
31 - 솔 이파리·1
32 - 솔 이파리·2
33 - 앓는 빈 공간
34 - 어머님 눈물
35 - 이순(耳順)은 안다·1
36 - 이순(耳順)은 안다·2
37 - 이순(耳順)의 선물
38 - 진달래의 함성
39 - 치매는
40 - 탄생(誕生)
41 - 허준은 안다·1
42 - 허준은 안다·2

2. 꿈을 적는 낙서

44 - 고운 환상
45 - 고향땅·1
46 - 고향땅·2
47 - 공룡은 숨 쉰다
48 - 글 향·1
49 - 글 향·2
50 - 깨쳐
51 - 동의보감(東醫寶鑑)
52 - 두 조각달은
53 - 매미 우는 사연
54 - 생명아
55 - 생명의 소리
56 - 생명의 아침
57 - 선조의 질타
58 - 소용돌이 세상
59 - 시구의 얼굴
60 - 여유(餘裕)
61 - 연아 날아라·1
62 - 연아 날아라·2
63 - 외로운 공부
64 - 외로운 반달
65 - 푸른 남강

3. 자연도 춤을 추는가

68 - 갈매기 고향
69 - 남강 물빛
70 - 말 없는 소라
71 - 모래알·1
72 - 모래알·2
73 - 문텐로드
74 - 물의 경고
75 - 바다 나이는
76 - 봄 바다
77 - 새벽에 우는 서리
78 - 생명의 함성
79 - 석림(石林)은
80 - 아지랑이 꽃
81 - 앳된 꽃봉오리
82 - 여름 자국
83 - 연꽃 송이
84 - 웃는 산
85 - 입성한 생명
86 - 조각달 인생
87 - 죽방렴(竹防簾)에는
88 - 춤추는 진눈깨비
89 - 황계폭포는 안다

4. 지구를 보수하는 농부

92 - 감태나무의 고집
93 - 고구마 일기
94 - 고봉 이팝나무
95 - 단비는·1
96 - 단비는·2
97 - 딸기꽃
98 - 망개꽃
99 - 밤꽃 향은
100 - 뱀딸기·1
101 - 뱀딸기·2
102 - 복수초의 눈물
103 - 봄국(春湯)
104 - 봄동(春冬)
105 - 산돼지·1
106 - 산돼지·2
107 - 세상을 열어
108 - 어린 묘야
109 - 정향(精香)은 안다·1
110 - 정향(精香)은 안다·2
111 - 지각한 연잎
112 - 지리산 약초는
113 - 지혜로운 소나무

5. 세월도 우는가

116 - 가르맛길
117 - 가을 준비
118 - 가을아 가지 마!
119 - 겨울 이끼야
120 - 겨울 입김은
121 - 금빛 이슬
122 - 낙엽 길·1
123 - 낙엽 길·2
124 - 녹색 띠는
125 - 녹색 손아
126 - 덩굴의 연륜
127 - 동장군 입김
128 - 동토에도 봄은 오는가?
129 - 멋진 가을아
130 - 명자꽃의 눈물
131 - 모르는 가을
132 - 봄은 발밑에
133 - 언 햇살은
134 - 여름은
135 - 옷 벗은 매미
136 - 철 잃은 명자꽃·1
137 - 철 잃은 명자꽃·2
138 - 폭염의 고통

6. 생명이 부르는 노래

140 - 공항에는
141 - 나뭇가지의 일기
142 - 녹색의 꿈
143 - 매미 함성은
144 - 물빛 녹색
145 - 물은 외고집
146 - 미세 먼지가 뭔지·1
147 - 미세 먼지가 뭔지·2
148 - 미세 먼지가 뭔지·3
149 - 미지의 지구촌은
150 - 바늘 바람
151 - 연녹색 일기
152 - 자연의 선율
153 - 자전거 인생
154 - 지구의 침묵
155 - 태풍 선발대
156 - 폭염아
157 - 폭염의 희열·1
158 - 폭염의 희열·2
159 - 푸른 시
160 - 푸른 하늘은
161 - 허공·1
162 - 허공·2

1

머물지 못하는 여운

가로등의 지혜

길 모퉁이에 서 있는 등불은
길 잃어 방황하는 자에게
갈 곳을 알려 주는
정직한 눈망울

말없이 마냥 서 있는 줄 알았더니
밤낮 따라 할 일이 많아
아무리 무서운 밤에도
끝까지 한자리에만 고수해

꿈이 마른 자에겐
낮이 아무리 밝아도
그 앞길은 캄캄하니
어찌 어두운 밤만 밝힌다고 하느냐?

고기 밥 주는 사람

초전공원에
북적이는 사람들
많은 생명이 즐기는 이곳
함께 숨쉬는 멋진 요람이라

군것질 파는 자야
소득 없어 졸고 있느냐
물 위로 입 벌려 우는 저 잉어는
무슨 소리를 하는 것인지

내 가진 것은
그저 졸음 근심 걱정뿐
이 모든 것들을
저 물 위에 던져 버리면
이 마음은 저 호수와 같겠지

초전공원 : 경남 진주시 초전동에 있는 공원

국수 생각

하얀 실타래
가는 몸매가 매끈한 흰 똬리로
둘둘 굴리는데
그 틈에서 군침이 샌다

어름 살 찹찹한 양재기에
빨간 매콤함이 녹아
갑갑하던 더위 속을 시원히 뚫는
면발의 날쌘 동작 좀 보소

갈증은 어딜 가고
졸깃한 맛에 한두 번 젓가락질이
순식간에 빨려들어가
빈 그릇 바라보는 이 서운함은
배가 불러도 미련이 자꾸 가는가?

그림자는

홀로 걷는 가로등 아래
언제나 따라나서는 영(影)
앞에서 머뭇거리는 무서움보다
내 발자국 소리가 더 겁나

적막이 앞을 막아서도
앞서거니 뒤서거니
내 주위를 물려 주는 너의 재주가
정말로 고마운 내 몸종

너는 언제나 말없이
이순 평생 날 돌봐준 삶이라
어쩌다 네 발을 밟아도
그냥 순종만 하는 멋진 그림자

급체야

그저 노란 하늘이
입만 딱딱 벌려
말도 나오지 않은 채
가슴만 치는 갑갑한 세상

눈 뜨고도 안 보여
생각도 없어지고
복통이 뒹굴고 천지를 흔들어
오직 소통만이 당장 사는 길이라

유명한 의술도 필요없다
이 갑갑한 순간을 급히 뚫어라
알 수 없는 무명의가
지구 뚫는 이 순간이

급체 : 갑자기 발생한 체증(滯證)

꿈같은 오늘

내일이 온다 해도
이 어둠이 계속 머무를 것만 같아
미리 걷어 내려고
아무리 쓸고 마셔도 그대로이니

과연 새날이 올 것인가?
차라리 긴긴 밤을
하얗게 지새우면
새로운 날로 연계될까?

언제나
반복되는 시간들이건만
갈수록 아까워지는 날
이제는 오늘이 꿈만 같으니

낮잠은 안다

매우 캄캄한 우주 속
세상의 복잡한 근심 걱정들이
제 발로 숨어드니
졸음 순간이 이렇게 편안할 수가

실눈 사이로
가끔 무슨 말이 들리는 듯
복잡한 사연들이 서로 싸우는지
그들도 스르르 사려져

무겁게 덮인 눈꺼풀은
천근만근으로 자꾸 눌려와
알 수 없는 깊은 늪이
내 가쁜 숨소리를 조용히 잠재워 가

매미 허물아

제 주인 잃고
폭염에 붙들린 채
끝없이 절개 지키는
저 충직한 매미 허물을 보라

말없이 떠나간 임을
다시 찾으려
밤낮으로 기다린 지 오래
설움을 아무리 삼켜도 소식이 없어

풀잎에 겨우 붙은 이 옷을
시선에 감추려 해도
바람이 한사코 들추니
내 모습이 찢어지는 날엔
어찌해야 합니까?

맨 밑바닥

삶에 미끄러져
더 이상
내려갈 곳이 없으면
맨 밑바닥인가?

욕심이 부른 눈높이로
겁 없이 덤벼온 부나비 인생
아무리 급하다 한들
어찌 단번에 오르려 하느냐

고지가 바로 저기인데
수없이 되뇌는 이 못된 미련이
인생을 자꾸 닦달하니
차라리 이 비참한 궁색을
내 스승으로 삼겠소

부모도 모르는 매미

무슨 한(恨)이 그리 많아
이 삼복 불볕더위에
온몸으로 울부짖는가?

나는 누구인지
내 부모 형제는?
분명히 선조가 있었을 것
이 몸은 부모님이 준 것인데

세월아
널 믿을 수가 없다
이 여름이 다 가기 전에
내 가족을 찾아야 돼

아무리 울어도
이 서러움은 끝나지 않을 것인가?
그래도 오지 않을 거라면
차라리 실컷 울기나 하련다

성묘(省墓) 날

산등성이 여기저기
기계 우는 소리로
조용한 골짝을 잠 깨우는데도
세상은 아무 말이 없다

수풀 뒤져 찾아낸 조상님 전
남루한 세상 차림에
눈물로 돌아 누운 듯하여
먼저 본 불효가 엎드려 운다

많은 수풀 걷어내고
정숙(整肅)하는 차에
조상이 제대로 보이면
이것도 효도하는 것인가

솔 이파리·1

창공에 편 짧은 손바닥엔
가지런한 바늘꽂이라
촘촘한 이파리로
찬바람 막는 파수꾼

오늘도 밤하늘을 덮고 자는 나
한파 만나 이리저리 쓸다가
밤 지새우는 날이
어디 하루 이틀이더냐

찬바람아 불지 마라
바늘 끝 스칠 때마다
찢어지는 저 휘파람 소리에
목이 더욱 움츠려 든다네

솔 이파리 · 2

언제부턴가 겨울밤 하늘이
아파 죽겠다고
밤새 잠 못 들어 울더니
솔 이파리만 원망해

간밤의 찬바람이
짧은 솔잎을
이리저리 세차게 후려치니
손톱 끝에 긁힌 멍울이라고

바람아
눈감고 웃지 마라
아침이 조용하니
간밤의 일을 모른다 할 것이냐?

앓는 빈 공간

눈 감으면 보이는가?
생각마저 지워진 지금
이토록 멀건 세상에
멍청해진 나는

아무리 불러도 들리지도 않는지
표정도 없는 얼굴들
나도 모르는 멍청한 꿈속
이런 무정한 세상아

도저히 알 수 없는 여기는
감기만 아는 아지트
희뿌연 빈 공간이
왜 자꾸 나를 괴롭혀 오는가?

- 지독한 독감 중에

어머님 눈물

처마 끝에 내리는 이 낙숫물은
어머님의 간절한 소망방울
한평생 걱정 없는 날이 있었던가?

애간장 녹은 피눈물엔
우리 인생 담긴 이야기
가족마다 꿈 이룰
우리 어머님만의 소임이셨던가?

정화수에 비친 인생사가
하늘에 닿았는지
꼼짝 않던 저 먹구름도 물러나고
비비던 얇은 손바닥엔 온 세상사가 보이요

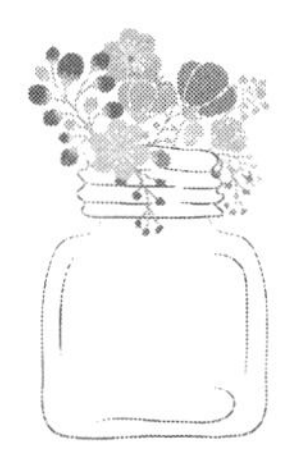

이순(耳順)은 안다 · 1

저 멀리서
어렴풋이 다가오는 듯
예순 초입에 가늘게 떨리는 눈망울
새로이 태어나는 아이인가?

정적이 머무는 조용한 이곳
바람이 살며시 일어도
분명히 이유가 있을 것
그냥 지나쳤던 시간들이

마냥 헛바퀴로만 돌지 않았는지
시야가 점점 흐려 오는데도
어디선가 진실이 보이는 듯해
어쩐지 혼자 중얼대는 날이 많아지네

이순(耳順)은 안다 · 2

어렵게 지나온 발걸음아
예까지 어떻게 왔느냐?
무작정 세월을 축낸 빈껍데기로
이제는 쓸모없는 허물만 남아

희미한 저 별빛 하나가
어두워지니 점점 더 빛나는데
저곳에도 많은 세기가 흘렀을 것
거짓말같이 더 또렷해

내 빈 머릿속에 백지 한 장
그 흔한 환칠 한 점도 없으니
지금껏 헛돌아간 영상이던가?
아뿔싸!
이순에야 비로소 보이는 것을

이순(耳順)의 선물

60년 묵은 밤하늘에
비로소 검은 허공이 걷히니
이토록 밝은 날이라
이순에 받는 웬 선물인가?

특별한 새해 아침에
정말로 고맙게 받습니다
어린 핏덩이를
여기까지 잘 키워준 세월아

인생 반환점에서
이 한 점 깨닫는 순간이
어찌 이토록
길고도 어렵습니까?

세월은 절대로 역류하지 않는 것
어떤 미련이 날 또 붙잡는다 해도
이렇게 주어진 황금 시간을
어찌 써야 하나요

진달래의 함성

화려하지도
또 시끄럽지도
않는 너는
언제나 온화한 내 사랑

가냘픈 분홍 빛 날개로
끝까지 동장군을 견뎌내어
온 세상 일제히 불을 지펴
기다리던 봄을 열었다

저 우렁찬 함성
골골마다 붉게 타오르는 진실
이토록 끓어 넘치는 군중을
누가 있어 잠재울 것인가?

치매는

침묵이 잠자는 시각
나는 어디에도 없고
희미한 허공만 덩그러니

아무리 둘러봐도
내 마음은 없어
이 생각마저 떠난 자리에
외로움이 혼자 울고 있는지

오리무중 가는 곳마다
침묵만 울다가 웃어
주인 잃고 헤매는 이 허상은
언제나 빈 얼굴로 날 노려본다

탄생(誕生)

모두 조용히 지켜보는 적막
갑자기 첫 숨 터지는 소리에
제 목청이 더 놀라니
탄생 소식이 이런 것인가?

10달간 아무 소리 없이
꾹 눌러온 큰 숨통아
이 작은 핏덩이에서
그런 고함이더냐?

여기가 네 세상이라
단 한꺼번에 질러본 굉음으로
사바세계에 알림이니
신이시여
이 씨앗을 받아 주소서!

허준은 안다 · 1

무작정 살아온 시대의 소명
고달픔이 누적된 멍울로
느지막이 명의 앞에 서니
쑤셔올 때 무시한 죗값이 너무 커

긴 세월 헛바퀴로 돌았는지
제 홀대로 망가진 몸이라
늙기조차 빨리 와
이제는 쓸모없는 고물 덩이로

백세가 무엇인지
말로만 떠드는 이 시대에
고통으로 뭉쳐진 병마야
이제는 들리는 것조차 힘에 부치니
이 무거운 난제를 어떻게 끌고 가야 하나

구암 허준(許浚) : 조선 시대 동의보감, 언해 태산 집요, 언해 구급방 등을 저술한 어의·의학자.

허준은 안다 · 2

내의원 짙어가는 밤에
꺼지지 않은 작은 불씨 하나
오랜 세월 묵어온 의서에
다녀간 병자가 얼마였더냐?

이 땅에
아픈 자 없기를 바랐는데
갈수록 늘어나는 저 환자들
내 부족한 의술이 무지였나 보오

이 손 놓은 지 오래라
다시 붓을 든다 해도
전할 길이 없으니
차라리 오진이나 없도록
저기 정화수(井華水)나 실컷 마시련다

정화수(井華水) : 이른 새벽에 처음 길은 물로 여러 물 중에 가장 으뜸의 물이라 함(東醫寶鑑)

2

꿈을 적는 낙서

고운 환상

온 산야에 펼쳐진 단풍은
오색 선율인가?
세상 이야기 많은 너는
비 오는 날도 잊은 채

눈부셔 오는 이 아름다움에
감탄사를 담아 놓고
웃음이 막 터지려는 것을
억지로 참고 있는가?

오염 없이 펼쳐진 마술사
이 고운 환상에 빠져
너의 재주 칭찬하다가
제 스스로 신선이 된 줄도 모른다

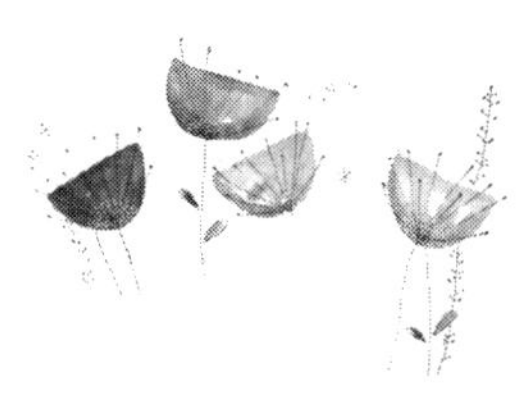

고향땅 · 1

꿈마다 나타나는 고향
어린 내 순수를 찾아
없어진 발자국 눈물로 뒤지니

보이는 것마다
주인 잃은 남루한 흔적들이
약한 바람에도
마냥 흐느끼고 있다

버려진 옛터
그때 나던 냄새는 어디 가고
알 수 없는 수풀 더미에
낯선 산새만 이리저리 날아

잊혀간 동심을 찾아
하늘 한 번 땅 한 번
금세 붉어져 오는 이 눈물도
옛것이 아니니

고향땅 · 2

어지러움이
나이를 흔들어도
어머니 젖 냄새
옛 숨소리는 아직도 남아 있어

세월에 녹슨 청춘은
빈 껍질로 가볍고
객지에서 영글진 잔주름은
아직도 미숙한데

아무리 아니라고 뿌리치고
머리를 흔들어도
저기 희미한 낮달이
날 보고 웃고있다

공룡은 숨 쉰다

그저 잠깐이었는데
어느새 수억 년이라
얼굴 없는 네 진실을
이제는 형상으로 더듬어

바닷가에 거구가 엉금엉금
갑자기 지구촌이 기우니
넘치는 물을 피하다가
진흙 펄에 발자국을 흘렸던가?

21세기 시빗거리 만들어 놓고
도대체 어디에 숨었느냐?
당시의 터줏대감아
이제는 다른 토끼가 주인이라고

글 향 · 1

예술을 고이 엮은
역사 속에서
오랜 묵향이 피어난다

힘 있는 난초
온몸 비틀어
어디로 솟을는지
무한한 지식을 더듬고

세한도를 그려
뭇 마음 전하니
모두가 감탄하여
같은 마음으로 우네

2019년 봄날
추사 김정희 선생 고택에서 (충남 예산군 신암면 용궁리)

글 향 · 2

멀리 떠나 있는 이 몸
외로움이 아무리 삭혀 와도
내 붓끝은 살아서 춤춘다

세월이 벼루 9개 구멍을 내어도
갈고 또 갈아
인내로 끌어온 인생 먹물

이 땅의 상형문자는
헝클어진 사회 속 멍든 눈물이라
원래대로 그리는 것

집집마다 창문이
바람에 열릴 듯 닫힌
그러한 모양대로
오늘도 나의 붓은 그렇게 긋는다

2019년 여름
추사 김정희 선생 유배지에서 (제주도 서귀포시 대정읍)

깨쳐

캄캄한 밤에
눈을 떠 자세히 봐도
아무것도 없어
내 꿈은 어디에 있는지

밤새 앓던
검은 노독 모두 토하고
묵은 세파는 씻겨졌는지
시원한 빈속이
날아갈 듯하여라

그래도
마지막 남은 이 검은 점 하나
이것도 무거운 짐이라
이 험한 고통을 털고 또 턴다

동의보감(東醫寶鑑)

인간이 저지른
크고 작은 소용돌이 속
서로 울고 웃는 사이에
모르게 파 먹힌 아픈 세월

병마에 지치고
경쟁에 얼마나 울어 왔던가?
이 고통들이
늙은 일상이 되었는가?

난제를 만날 때마다
깜짝깜짝 놀랄 일들
오랜 세월이 빛낸 의술은
내면 깊숙이 배인 진실이라
너는 진정鎭靜 내 어머님 약손인 것을

동의보감(東醫寶鑑) : 국보 제319호. 조선시대의 활자본. 허준이 저술한 의학서적, 2009년 7월 31일 유네스코에 등재됨.

두 조각달은

혼자 외로이 놀던
저 조각달이
언제부턴가 둘이서
어설프게 굴러간다

해와 달이 서로 못 만나
언제나 애태우더니
다 자라지도 못한 것이
어느새 둘로 갈라졌단 말인가?

하나로 둥글게 빛나던
옛 모습은 어디 가고
오늘은 무슨 사연으로
저토록 어지럽게 가는가?

난시가 있어 포개어진 달을 보고.

매미 우는 사연

암흑 속 깊은 혜안으로
임 그려 온 꿈
꿈틀을 생활신조로
말없이 읊아온 기억

세상에 첫 발 디뎌
구석구석 아무리 살펴봐도
나만 모르는 이 눈물
석연치 않은 이곳은 어딘가?

난 누구이기에
왜 여기에서 이토록 우는가?
8년간의 긴 고문이
또 잠깐이란 말인가?

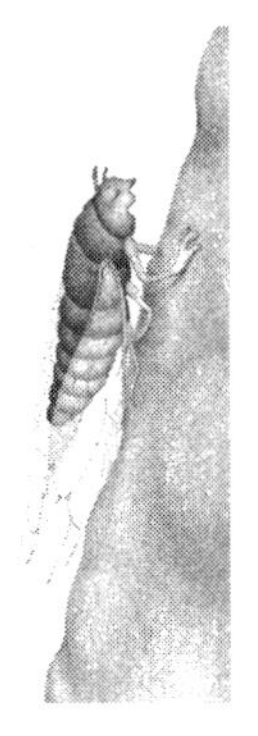

생명아

오랜 세월
우주를 돌고 돌아
예까지 왔느냐?

인간 사회가 좋다고
붉은 꿈 가득 안고
막 도착한 이 땅에
영롱히 빛나는 진실아

사람과 인연 맺고자
무한한 기도 끝에
바로 윤회의 길로
곧장 왔다니

딸기 꽃눈분화 상태를 현미경으로 검사하는 중에

생명의 소리

저 숨소리는
태곳적부터 들려온
끈질긴 메아리라

조금도
흐트러지지 않은 강한 넋
사바세계 두드리는 저 큰 소리는
누구의 가슴이더냐

이 땅에 달려온 생명아
방대한 전망대에서
벌써 세상 얼굴 길 찾아
첫걸음부터 심장을 뛰게 해

애기의 첫 울음소리에

생명의 아침

겨우내 침묵하던
녹색이 더뎌 웃는다
솔 이파리 사이로
비집고 들어온 저 햇살이
가지마다 부푼 꿈을 적시고

이파리 못살게 굴던
하얀 서리는
먼동이 터 오자
말없이 그림자 눈물로 사라지고

끈질긴 생명이었기에
동장군이 제 아무리 설쳐대도
숨겨진 세월 껍질 속에서
노란 진실이 눈 비벼 나온다

선조의 질타

깊은 지식
반열대에 오른 선조
전통문화 계승한
동방 18현 터줏대감

민초는 초로에 묻혀
쉼 없는 평화를
심어 가꾸니
자라는 민심은 이 땅의 보물

군주가 백성을 외면할 때
목숨 걸고 질타하니
심지 곧은 천심은
하늘도 못 말린다네

2019년 여름
일두 정여창 고택에서 (함양군 지곡면)

소용돌이 세상

헝클어진 세월 속
풀기도 어려워라
매일 헛바퀴만 도는 소용돌이

옛 조상이
물려준 지혜를 더듬어
어디에서부터
하나둘 풀어 볼까?

세상이 아무리 어렵다 해도
시간이 풀어낼 것
몹쓸 탐욕을 밀어내니
또 다른 다툼질이라

언제까지
대책 없는 계란을 들고
바위를 때릴 것인가?
저 소용돌이는 어째서
제 혼자만 신이 나는가?

시구의 얼굴

떠다니는 마음은
눈에 보이지 않는 것
그 진실을 볼 수 있다면
신기하지 않겠는가?

백지에 한 점 한 점
곱게 자수 심어
뭉클한 가슴을 눈물로 찍어
소용돌이로 풀어내면

그 혹독했던 인생사
말 못하고 앓아온 사연들이
시구에서 제 얼굴이라도 보이면
묵혀진 회한이라도 남지 않을까?

2019년 정월, 시조 신인문학상 수상 자리에서

여유(餘裕)

눈 감으면 떠오르고
내치면 악착같이 따라붙는
얄미운 미련아
이 어두운 곳 어딘가에

떠나지 않는 근심 걱정이
무겁게 짓눌려 올 긴 밤에
고철 된 잡념이
또 볼모로 잡혔는가?

약한 마음을 자꾸 닦달하니
수양 없이는 빈틈도 없어
꿈이라도 좋으니
잠시 한숨이나 붙일 수 있다면

연아 날아라 · 1

자유 밴 날갯짓으로
창공을 두드리는
저 멋진 소리 들어보라

인간이 남긴 인생사를
내 작은 한몸에 담아
허공에 맘껏 누비니

목마른 자야
울고만 있지 말고
나와 같이 허공을 날아보세
어디쯤 또 다른 재개(再開)가 보이지 않겠는가?

연아 날아라 · 2

허공을 차고 올라
뭇 세상을 내려다보니
천지가 다 발아래라

바람이 밀어주어
조종사 손에 논다마는
뜬 이 마음은
누구보다 자유로워

경쟁에 시드는 인간들아
지금 날 보고도 모르겠느냐
세상에 싸울 일이 없어
그냥 올라갈 일만 남았으니

외로운 공부

끝없는 도전
꿈 이루어질 기회로
인내 모아 소화하면
이 좁은 가슴이 넓혀질까?

몰랐던 지혜를
빈 그릇에 담고 또 담아도
더 커져 가는 공간
오늘도 끝없는 이 도전장은
홀로 남겨진 외로운 투쟁 길

해도 해도 언제나 게으름만 남는
천하의 몹쓸 고깃덩어리라
아이야 이 고비를 어떻게 넘어야 하니
기억아 넌 이 고통을 알고나 있느냐?

외로운 반달

짙푸른 우주 공간에
흰구름 한 조각인가
멀건 날 낮달 반쪽이
쫓기는 듯 허우적여

황망한 대해에
잃어버린 내 반쪽을
어디에 흘렸을까?
날이 어둡기 전에 꼭 찾아야 하는데

아무리 둘러봐도
푸른 허공엔 침묵만 흐를 뿐
아무 거슬릴 리 없는 이런 곳에
또 다른 거대한 외로움이 사는가?

푸른 남강

맑은 거울 위에
언제나 푸른 하늘이 노는 곳
뿌연 안개가 자욱해도
눈 한번 까닥 않아

강둑 가득 맑은 물속에는
애국한 논개의 눈물이
만백성 대변(代辨)으로 어려
통곡했던 그 날의 함성이라

비구름이 몰려오면
항쟁으로 굳어진 과거가
갑자기 하나씩 피눈물로
토하고

아직도 치유되지 못한 채
떠도는 저 푸른 멍울이
백성의 한을 안고
오늘도 검푸른 남강으로 흐른다

남강 : 진주시 중앙을 흐르는 강으로 일본에 항거한 촉석루와 논개사당이 있다.

3

자연도 춤을 추는가

갈매기 고향

하늘 받쳐 든 바다 위에
짧은 날개 길게 펴
공중 곡예하는 회오리 떼가
세상을 오므렸다가 펴

평화 위에
잔잔한 파문이 둥글게 일 때
고기떼 모이는 곳
우리만 아는 식당이라

먹구름이 몰려와
아무리 흐려 놓아도
번득이는 저 물비늘은
우리 갈매기 고향이라오

남강 물빛

강가 차량은
언제나 제 갈 길 바쁘고
바위에 붙은 물이끼는
아침 눈부신 세수라

바람에 밀려드는 윤슬은
유연한 허리로 일렁이다가
아무 일도 없었다는 듯
제자리로 돌아가는 일상

물새야 놀라지 마라
저 물빛이
지난날 천하를 뒤 흔들었던
큰 함성이었으니
이제는 총칼을 놓고 유유히 흐른다오

말 없는 소라

언제나 입 다물고
세상을 보아온 너는
또 무슨 말을 하고 싶은지

죽 죽
큰 입으로만
기어가는 가슴앓이로
바닷물이 너무 짜 말을 못 하였는가?

큰 파도가 자갈 굴릴 때
큰소리로 외칠 것이라더니
그냥 말없이
제 갈 길만 가는구나

모래알 · 1

하얀 가루야
날지도 못하고
언제나 밝은 미소로 누워
길손을 항상 부드럽게 하는구나?

너는 가만히 있는데
파도에 떠밀려
다시 제자리 찾기로
마냥 쓸리고 닳아서 모래알인가

나른한 오후
눈부신 바다 품에 찜질하니
날마다 쑤셔 오던 몸뚱이가
말끔히 씻기는 이 기분

오늘 받은 걱정들이
언제 씻겨 나갔는지
생각도 나지 않는데
벌써 가볍다고 하네

모래알 · 2

반짝이는 은빛 쌀알
햇볕 안고 누우니
먼 하늘이 눈 부신다고
도리질이라

언제나 알몸
스치는 파도가 덮어도
이 부끄러움은 묻히지 않아

투명한 알맹이를
바람이 제 아무리 헤집고
들여다본다 해도
언제나 거짓 없는 내가 좋아

문탠로드

갈매기 떠나니
뱃고동 소리도 없어
애꿎은 길손만 빈 발걸음 질이라

밀려드는 파도는
무슨 원한이 있길래
죽어라. 빈 바위만 치는가?

그래도
확 트인 바다만은
시원한 바람을 부르고
많은 시선들을 수평선에 띄우는데

누군가가
조용한 귀엣말로
바닷물에 비친 저 달빛에
걸어 보란다

문탠로드 : 부산 해운대구 바닷가 둘레길, 문탠은 달빛을 썬탠은 햇볕을 받는다는 뜻

물의 경고

저 맑은 호수를 보라
말없이 누워 있어도
많은 생명이 모여
진실을 나누는 즐거운 보금자리

여럿 물이 한곳에서
휴식을 하는 동안
바람이 제 아무리 때려 와도
본질은 변하지 않아

인간의 욕심이
자연을 속일 때
웅크린 큰 고통들이
과연 어디로 향할까?

바다 나이는

저 바다에는
언제나 넓은 마음이
한 너울로
멀리까지 퍼져가는 큰 나이테

바닷물이 넘치는 파도가
제 나잇살이라고
스스로 우기지만
연륜은 주름으로 아는 것

날마다 일렁이는
저 잔잔한 바람 나이가
큰 파도에 으깨어지면
아무리 꼼꼼한 세월도 못 세니
바다는 언제나 푸른 청춘이라

봄 바다

잔잔한 물결 위에
얇은 봄을 살짝 깔아
은은한 훈풍을 타고
연일 밀려오는 봄 바다

막 도착한 포말에는
먼길 인사 나누는 생명이
순수한 봄소식을
주고받는 이 신선함은

꿈인지
환상인지
시간도 멈춰선 지금
붉은 노을이 한 번 더 데운단다

새벽에 우는 서리

눈도 얼음도 아닌 것이
긴 겨울잠이 지겨워
새벽녘 멋진 선녀 옷 지으려
실오라기 촉수(觸手) 모아들고

구름 몰래
바람도 잠든 새
소리 없이 살며시
안갯속을 헤쳐

9선녀 속 날개 깁다가
잠시 조는 사이에
벌써 먼동이 터오니
금세 녹아버리는 눈물아

생명의 함성

보이는 듯
아지랑이 곱게 이는 곳에
자연도 모르는
신기한 꿈이 피어나는가?

누가 이 땅을
얼었다고 하느냐?
새벽안개 품은 이 땅에
녹색 눈망울이 빛나고

참았던 침묵이
깨어지는 순간
여기저기 빨강 노랑 파랑
생명의 함성이 지축을 흔들어

석림(石林)은

하늘이 태어날 때
땅이 찢어지고 갈라져
어디든 가리지 않고
생겨난 외로운 기둥뿌리

지각이 혼돈하는 차에
태어나
꼿꼿이 외 젓가락으로
하늘을 떠받쳐 온 지 오래

석림 벼랑 끝 작은 풀잎은
바람이 흔들 때마다 불안해
허공은 아예 눈을 감고
겁먹은 메아리는 작은 숨소리도 못 내

석림(石林) : 기둥같이 솟은 돌들이 마치 숲을 이룬 것 같은 형상을 말함 (중국)

아지랑이 꽃

쭉 뻗은 키 큰 소나무
제 이파리 크게 뭉쳐
하늘가에 길게 담가
바람으로 휘저어 본다

차가운 기운이
허공에서 지겹도록 날뛰니
기다림은 지쳐가고
먼 훈풍은 정말 미워라

새벽에 만난 서리가
너무 걱정을 말라더니
벗어 놓은 제 날개 밑에서
멋진 아지랑이 꽃이라

앳된 꽃봉오리

엄마가 튼 둥지에
미숙한 앳된 얼굴로
바깥세상이 하도 보고 싶어

살며시 실눈 떠 살피니
마냥
눈 부셔오는 밝은 빛에
떠보지도 못하고

겨우 고개 들어
풋내음 맡으려는데
어디서 몰려드는 시선들
그만 꼼짝없이 잡힌 지금이
내 생일인가 보오

여름 자국

간밤에 닥친 폭우는
검은 하늘을 씻어낸
여름 자국의 땟물로
남강이 넘쳐날 듯 흐르네

비 개여 맑아진 창공은
더 높이 올라가고
가을은 어디에 있는지
녹색 여름옷은 아직도 멀쩡해

씻다가 헤어진
저 흰구름 조각 걸레는
사방에 흩어져 어지럽게 흘러가도
아무도 줍는 이가 없고

황토 빛 구정물에는
여름 내내 묻은 땟물이라
저 출렁이는 물로
누가 있어 씻어 줄까?

연꽃 송이

녹색 보자기
한가운데 고인 물은
종일 떠나지 않고
누구를 기다리는지

물속에서 갓 고개 든
앳된 꽃송이는
눈도 닦지 못했는데
보는 이마다 탄성이라

많은 시선이
한곳으로 모여들자
덜 익은 속치마가
나도 모르게 벗겨져
그만 울어 버린다

웃는 산

폭염이 놀던 곳에
깜짝 비가 내려
겉옷만 젖어 축 처진 꼴이라
그새 무더위 놈 그림자도 없다

달구어진 산봉우리를
바람이 식히고
구름이 뙤약볕을 가리니
순간 꼼짝도 못하는 졸부야

악명이 제아무리 높다 한들
독불장군은 없는 것
물 한 모금에 눈이 떠이는 저 이파리들
금세 온 산야가 푸르게 웃는다

입성한 생명

가냘픈 숨소리가
느낌도 없어졌는지
아예 쥐 죽은 듯이
아이야 제발 살아만 있어다오

세상을 꽁꽁 얼려
눈비로 가득 채워
제아무리 무겁게 윽박질러도
오직 내 꿈 하나만을 기다려

철통 같은 고통의 길
무서운 동토라
자연이 가르치는 입춘까지
세월이 갈라놓아도
기어코 내 손으로 봄 문을 열련다

조각달 인생

밤에만 출근하는 너
벌써 앞서가는 구름에
어깨가 걸렸는지
꼼짝없이 뒤우뚱 끌려가네

덜 자라난 몸이라
아무리 둥글게 굴러도
부질없이 자꾸 자빠져
이제는 피멍으로 아파와

이 어두운 밤길을
밤새 걸어가야 하는
머나먼 길을
헛발질로 어떻게 가야 할는지

먹구름아 비켜다오
그래도 가야 하는 나의 길이라
아무리 힘에 부쳐도
새벽까진 도착해야 한다네

죽방렴(竹防簾)에는

저 넓은 바다에
작대기 꽂힌 작은 섬 하나
고기 노는 길목에
긴 장대로 에워싼 울타리 집

잔잔히 일렁이는 물비늘 아래
깊은 물속은 잘 몰라도
꿈틀거리는 저 파문이
아무래도 심상치 않아

공중에 뜬 갈매기 떼는
바다 위 학무를 그리고
풍어 떼의 함성은
수중에서만 아는 만세 소릴세

죽방렴 : 물살이 드나드는 좁은 바다 물목에 대나무발 그물을 세워 물고기를 잡는 전통적인 어구.

춤추는 진눈깨비

찬바람에 휘날리는 진눈깨비는
온 산야를 얼려
하얀 허공으로 흉내낸
소리 없는 춤 자랑인가

높은 구름길에 오른
번개 빛 은가루야
하나하나 햇볕 먹고
눈이 시리도록 반짝이더니

곡선을 따라 요리조리 은빛 마술사
꿈속을 날고 있는지
하늘에 은은한 씨앗 뿌리는
거대한 우주 축제 중인가?

진눈깨비 : 비와 눈이 섞여서 내리는 기상 현상.

황계폭포는 안다

겨울 오면 물이 적다고
헛소문 낸 자
가뭄이 그러더냐?

우렁차게 맨 돌바닥 때리는
저 물줄기를 보라
무슨 원한이 있어
저토록 죽어라 퍼붓는가

현세가 어렵다고
누가 함부로 말하느냐
가다가 힘에 부치니
그것도 남의 탓이더냐?

황계폭포 : 경남 합천군 용주면 황계리에 있는 폭포. 허굴산 줄기로 중국의 여산 폭포에 비유됨.

4

지구를 보수하는 농부

감태나무의 고집

엄동설한
몰아치는 세찬 칼바람이
뿌리째 흔들어 대니
지구는 어지러워 죽을상

아무리 억지를 써도
이파리 하나도 못 주겠다
잔가지마다 붙여진
값진 내 이름표

네 놈이 떠나는 날까지
많은 부채 이파리로 피할 테니
새싹아 걱정마라
벌써 흙냄새가 솟는다

감태나무 : 간자목. 백동백이라고 불리며 미나리아재비목. 녹나뭇과의 낙엽관목으로 이른봄까지 잔가지에 잎이 붙어 있다.

고구마 일기

이파리마다 하늘 향해 누워
떠가는 구름 조각 세다가
가을 햇살에 그을려
저 색깔에 물들여져도 모른다

아무렴
여름 뙤약볕 시절에
가뭄 기근 죽을 고비 넘겨
새벽이슬에 입 축여 여기까지 왔으니

지금 뿌리 굵어지는 소리 들리는가?
발밑에 숨어서
지각을 벌리는 소리
신선한 가을 새살이 두둑마다 빨갛다

고구마 : 쌍떡잎식물 통화식물목 메밀꽃과의 여러해살이풀.
감서, 단고구마라고도 한다.

고봉 이팝나무

녹색 이파리 모인 그릇에
하얀 쌀밥이 수북해
바람이 자꾸 흔들어도
고봉으로 나날이 쌓여간다

창공은
보슬보슬 좋은 밥 가득 지어
큰 길가 줄줄이
나르는 풍족한 쌀밥 나무야

배고픈 자 어서 오시오
이 춘궁기에 얼마나 어려우신가
입만 떠드는 세상
이제는 마음껏 먹어보세

이팝나무 : 쌍떡잎식물. 용담목 물푸레나무과의 낙엽교목, 입하기에
꽃피어 쌀밥 나무라고도 한다.

단비는 · 1

오래 버텨온 생명의 꿈이
간절한 기도로 하늘을 뚫었는가?
반가운 임 오실 땐 소식이 없다더니
그새 살짝 찾은 얄미운 단비야

빗물로 적셔 놓고 시치미까지
미리 알렸더라면
맨몸으로라도 광야에 나가
실컷 반겨 주었을 것을

타들어 가는 끈질긴 이 목숨을
끝까지 지키기 위해
생명수 한 모금에
온 천하를 얻었소

단비 : 오랜 가뭄 끝에 내리는 빗물

단비는 · 2

꿈속에서도 알 길이 없는
끈질긴 이 목숨
끝까지 갈증으로 애태울 것인가?

이제 기다림에 지쳐
하늘이 노랗도록 어지러워
자연이 우는 저 목소리는
오직 생명수 한 모금이라

목마른 세상을 바로 세우는 길
모두 한마음으로
전해야 하는
뼛속 깊이 애원하는 소리일세

딸기꽃

태초를 잘 아는 너는
어디서 왔느냐
신도 알아보지 못한
저 맑은 눈망울은

오직 진실 하나
지키기 위해
허튼 세월에도 속지 않고
당차게 견뎌온 생명아

극한 세월에도
네 한몸 잘 자라나
온 세상에 하얀 꽃 이파리 날리니
들어간 벌 나비 모두 뛰쳐나온다

딸기 : 쌍떡잎식물 장미목 장미과의 여러해살이풀

망개꽃

앳된 연 노란 눈망울
훈풍 이는 날
곧 눈물이 날 듯
갓 눈뜬 영롱한 눈짓

뒤에서 미색 이파리 하나
바람에 요리조리 반짝여
망개 꽃 후광이라
달려드는 벌 나비 떼 신나고

나는야 저 해와 같이
붉은 열매 가질 생각에
벌써 가슴이 뜨거워
양지쪽 바람을 둥글게 모은다

망개꽃 : 망개나무의 꽃으로 이른 봄에 핀다.
쌍떡잎식물, 갈매나무목, 갈매나무과의 낙엽교목

밤꽃 향은

어디서
낯설지 않은 진한 향이
온 세상 가득히
생기로 웃어 와

녹색 언저리에
작은 털 촘촘히 세워
주름 땋은 곳에
멋진 연녹색 눈물이 나

천릿길 밤꽃 향기는
고을마다 생명의 젖줄로 이어져
어디서 모여든 벌떼의 함성에
유월 해는 금방 저물어 간다

밤꽃 향 : 밤꽃에서 내뿜는 진한 향.
　　　　쌍떡잎식물 참나무목 참나뭇과의 낙엽교목

뱀딸기 · 1

태곳적부터
말없이 묵묵히 살아온
이 땅의 순수한 토종을
그 누가
그냥 뱀딸기라 폄하하느냐?

둥근 세상
붉게 물들인 지구 볼에
잔잔한 씨앗 고루 묻혀
빨갛게 익어갈 때

가려진 이파리에서
고개 살짝 내밀다가
길손에게 들키면
나도 모르게 귀한 대접받는 날

뱀딸기 : 쌍떡잎식물. 장미목. 장미과의 여러해살이풀
전국에 자생하는 재래 딸기.

뱀딸기 · 2

수풀 틈새 작은 그늘에서
자라온 아늑한 땅
실눈으로
세상을 살며시 열어 보니

어디서
못 보던 붉은 입술인가
갑자기 놀란 수풀들
새로운 탄생이라
반기는 손짓아

줄기로 기어가는 법을 알아
덩굴손에 붉은 열매 들고
마음대로 자랑해도 되는
언제나 즐거운 세상일세

복수초의 눈물

늦은 긴 겨울 밤에
하얀 잠을 삼켜
흐른 뜨거운 눈물이
황금색으로 빛나는 날
멀리 떠난 임이 더욱 그리워

아련히 비친 맨 살결이
얇은 빛 시선으로 새어 나와
가는 바람을 타고
내님 곁으로 날아라!

맹추위 어둠 속을 어찌 헤쳐 오실까
불 심지를 아무리 돋워도
작은 발밑을 따르는 호롱불이라
임아!
이 일을 어찌하오리까?

복수초 : 쌍떡잎식물 미나리아재비과의 여러해살이 풀 눈 속에서도 노
란 꽃이 핀다.

봄국(春湯)

봄물에 담긴 새싹
하나둘 봄나물 이름 부르다가
그만 춘곤증에 쓰러지니
졸음이 대신 새어간다

넘쳐날 듯 힘 솟는 이 기분
동장군을 제치고 나와
하늘 한 번 땅 한 번
온 세상 아래위 훑는 저 눈빛

춘풍 머금어 거칠 것 없는 지금
희망 용기 꿈은
모두 이 한몸에 있어
나야말로 진정한 봄국이 아닌가?

봄국 : 곧 춘탕(春湯)으로 봄에 나는 나물로 끓인 국물.

봄동(春冬)

녹색 눈 뜨는 날
맑고 빛나는 눈동자야
길고 긴 혹독한 세월
잘 참아낸 너의 심성

겨우내
낡은 겉옷 한 벌로
찬바람에 무척이나 떨더니
모진 한파에 속아
고통으로 울어온 날이 얼마더냐?

얼고 녹은 험한 인고에
마른 시래기 한 줌
속 이파리 푸른 기지개 켤 때
새벽빛 은구슬이
얼마나 아름다운가

봄동(春冬) : 가을철 노지에 파종하여 결구 없이 겨울철 한파를
잘 견뎌낸 이른 봄배추

산돼지 · 1

밤이면 생업 전선의 길
큰 콧구멍 길게 앞세워
냄새 하나로 건져내는
십 리 밖의 먹거리 찾아

식구 늘어 굶는 날이 많아
온 산야 헤집어야 하는
무지한 팔자라
또 사람들과 숨바꼭질해야 되니

저기 배부른 인간들도
먹이 놓고 싸움질하는 것 좀 봐
이 어두운 밤
도망질에 장독이 깨어져도

산돼지 · 2

간밤에 누가 다녀갔는가?
두꺼운 지구 껍데기
이리저리 파헤쳐 놓고
막 생긴 고구마만 파먹어
드러난 잔뿌리는 울고 있는데

그놈은 간데없고
파인 발자국만 휑한데
가을이 눈앞이라
다시 심어야 할 작물을 불러 본다

이토록 팬 땅
하늘을 보고 입만 벌린 채
일터 잃은 농심
이 허전함을 어디에서 달래나

세상을 열어

어린 입술을 오물오물
고운 손가락 모아
겹겹이 쌓인 꽃잎 하나둘 살며시
고철 된 세상이 어렴풋이

더디어
하늘 문이 열려오고
못 보던 천지가 조용한데
많은 시선들이 나를 집중하니

미숙한 오색으로
받잡기 부끄러워
차라리 눈을 감은 채
고개 숙여 첫인사 올립니다

어린 묘야

뙤약볕 내리쬐는 볏논에
녹색 이파리 나풀나풀
큰 덩치 바람 너울로
다시 일어나는 여러 손짓들

막 심은 구정물 위에
맨발로 딛고 서서
길손이야 보든 말든
열심히 흔드는 저 녹색 선율

치맛자락 살랑여 눕는 지평선에
바람이 만드는 파도 소리
그때마다 물굽이 넘어가는 가락에
벌써 귀에 익은 풍년가가 섞여 온다

정향(精香)은 안다 · 1

연녹색에 피어나는
익숙한 정향(精香)이
온 세상에 가득함은
사바세계 엮어온 진실인가?

녹색 보자기에
잔털로 촘촘히 세워온 밤꽃
여럿 긴 손가락을 한 손에 든 채
곱게 피어나는 강한 꿀맛 향은

인간도 알지 못한 정율(情栗)이
밤꽃 향이라 하니
벌 나비야 너무 서두르지 마라
신비한 생명이 너를 지켜보고 있단다

정향 : 밤꽃에는 스퍼미딘(spermidine), 스퍼민(spermine)이
라는 독특한 정액성분의 향을 말함

정향(精香)은 안다 · 2

어디서 익숙한 향에
금방 감전되는 것은
오래 익혀온
인간의 진정한 진실이었던가?

우주를 녹일 만한 사랑이
가슴 가득해
해 뜨자 절로 몽롱해짐은
무슨 마력인가?

꿈속까지 깊게 배여 나는
이 황홀한 생명력은
단오가 지켜보는 날
길쭉한 연녹색 꽃이 빛나는
사바세계의 진면목이라

지각한 연잎

머뭇거리는 이파리 하나
늦은 꿈 이루려고
늦가을 햇볕 쬐다가
물속에 빠진 제 얼굴 보고는

아
내 모습은 어디 가고
채 익지도 않은 저 얼굴이
왜 나를 응시하는가?

풍성했던 여름날의 명성이
아직도 호수에 가득하거늘
아직 펴보지도 못 했는데
벌써 겨울이 온다니

지리산 약초는

한반도 중추 따라
이름 모를 신엽(新葉)이 하나둘
하늘에 맞닿은 기운에 자라
얼어 죽지 않고 견뎌온 진실아

인간 발자국 없는 곳
산신이 지켜와
영험 얻은 생명력은
못된 독성 물리치는 힘이라

인간을 덮치려는
저 못된 놈아
본인도 모르게 괴롭히려 하느냐
널 잡으려 예까지 왔노라

지리산 : 해발 1915m, 신라 5악중 남악으로 어리석은 사람이 머물면 지혜롭다하여 불러진 이름. 국립공원 제1호, 내륙의 최고봉인 천왕봉이 경남 산청군 시천면 중산리에 있다.

지혜로운 소나무

하늘 떠받쳐 선 솔
평생 서 있어
이젠 허리 아픈 줄도 몰라
언제나 곧은 자세로 정직한 성품

강풍 오는 날엔 외고집 접고
절 잘하는 유연성 좀 보시게
어림도 없는 아집이
어찌 굽힐 줄을 알았을까?

몰아치는 태풍 길에
감히 대적할 자도 없는데
자존심 굽혀 결국 살아남는
너의 지혜로움이
생가지 꺾이는 허풍보다 낫구나

5

세월도 우는가?

가르맛길

찬바람이 매섭게 할퀴는
황량한 길가에
제자리 잃고 뒹구는 낙엽아
네 형제 떠나 처음 겪는 어지러운 세상

춥다고 울어대는 잔가지마다
윙윙거리고
벌써 떨군 이파리 생각에
한시도 자리 뜰 줄 몰라

짙푸른 하늘은
나목마다 곱게 빗어 올린 머리채로
숲속 길게 타 놓은 가르맛길에
속 시원히 걸어가는 걸음아

가을 준비

하늘은 이파리마다
따가운 햇볕을 잔뜩 먹여 놓고
폭염 고통으로 달구더니
온 산야에 손질하기 바쁘다

이제는
거울 앞에 앉은 우리 누님이길
진실한 붓으로
멋진 밑그림 그릴 일만 남았네

저기 느리게 떠가는 먹구름아
온 산야 적셨거든
얼른 비켜나시게
곧 창공에서 오색 선녀가
멋진 옷을 펄럭인다네

가을아 가지 마!

아쉬움에 너를 꼭 붙잡아
떠나지 못한다고
연일 실랑이 치는데
서쪽에 노을도 물들이다 말고
돌아서 우는가?

이 멋진 천연색을
눈에 담고 또 담아도
내 어리석은 머리라
어쩌지 못하겠으니

찬비야 더는 재촉 마라
네 슬퍼서 눈물 떨구는 날
우리 모두 눈감고
이 가을 가슴에 깊이 새기자

겨울 이끼야

찬 바위에 붙어 떠는 이끼는
추워서 기어 가지도 못하는가
언 가뭄에 핏기 하나 없어
숨쉬기조차 힘겨워도
누굴 원망해 본 적 없어

매서운 바람에 춥다고
종일 울어대는 나뭇가지야
솔 이파리 얼음덩이로
밤마다 비비는 소린가?

아무리 극심한 한파가 닥쳐도
대 이은 끈질긴 목숨 하나
사지의 응달을 잘 지켜와
지구의 역사는 내가 잘 안다오

겨울 입김은

찬바람아
힘세다고 자랑 마라
깊은 속살까지 파고들어
뼈 앓이로 겁박하느냐?

이 광야를
아무리 얼려 놓아도
오래 움츠린 이 생명은
언제 입김을 토할는지

매섭게 추운 날에도
새벽 물가에 피어나는 저 김을 보라
물새도 더워 하늘로 솟구치는데
누가 이 겨울에 입김이 없다고 하는가?

금빛 이슬

새벽 빗방울이
목마른 생명을 먹이다가
노란 꽃 입술에 살며시 갖다 대니
그만 금빛 이슬이라

간밤에 달마중 갔다 온
누님 저고리에
금세 방울방울 엮인
영롱한 옥구슬 구르는 아침

옹기종기 노란 방울아
오직 투명한 진실 하나로
속까지 드러난 양심이니
세상이 아무리 얼룩 진다 해도
나는야 이대로일세

낙엽 길·1

조용한 숲 길가
내 푸른 청춘은 어디 가고
가을 흔적마저 사라진 이곳에
무서운 겨울 보(褓)로 눌리는가?

바람에 떠밀려
덤불에 걸려 우는 방랑자
지나는 길손도
낭만의 길이라 찾더니

혹한에 이리저리 쫓기다가
땅바닥에 내동댕이 쳐지는 신세
이제는 굴러가는 이 소리도
진정 내 목소리인가?

낙엽 길·2

숲속 꼬부랑한 길가에
흩어 모인 낙엽 동아리
서로 눈길만 스쳐도
우는 쉰 목소리라

한일자 입 갈비는
아무 말도 하지 않는데
굴러가는 저 가랑잎만
온 세상이 시끄러워

바람아 불지 마라
언제 우리 자리가 있었던가?
언제나 굴러야 하는 팔자로
이 겨울에 또 어디에서 울는지

녹색 띠는

녹색이 웃는 길거리는
일렬로 선 큰 숲길이라
어깨 나란히
산길 따라 긴 곡선을 그어가

비 오는 날엔
세상이 반짝반짝
푸르게 세수한 얼굴로
평소에 못 보던 녹색 선율

흔들리는 이파리마다
스치는 콧노래에
꿈짝 않던 이 무심도
그만 푸름에 섞여 든다

녹색 손아

숲속 부드러운 녹색 손은
짙은 산록이 되는 첫걸음 길
새눈 돋는 소리가
골짝마다 들려오는가?

선들거리는 바람이
고운 이파리 뒤집을 때마다
햇볕에 달궈
녹색 향이 절로 솟는
멋진 아지랑이

향긋한 녹음 속 길손아
손 흔드는 풀잎아
부지런히 날개 떠는 산새야
이토록 아름다운 날
여기에 우리 말고 또 누가 있을까?

덩굴의 연륜

겨울 잔가지에
겨우 걸친 마른 덩굴은
찬바람에 부대끼어
항상 아파 우는 소린가?

겨울이 뭔지
녹색 주인은 어디로 가고
줄줄이 메마른 세월 흔적이라
오직 화려했던 옛이야기뿐

지난 뙤약볕에도
지혜롭게 잘 이겨낸 훌륭한 무공이
이제는 시래기 한 줌
바람에 바스락 소리만 나도
골짜기가 더 무서워해

덩굴 : 땅바닥으로 벋거나 다른 물체에 감겨 오르는 식물의 줄기임.

동장군 입김

산야는 휑하고
이리저리 세차게 몰아치는 찬바람
으스스한 동장군 입김이라
놀던 겨울이 더 움츠려

잔가지는
춥다고 소리소리 지르고
허공에 빼앗긴 나약한 햇볕은
그저 냉랭한 외로운 길

양지에 졸던 낙엽은
차갑게 찌르는 송곳 바람에
낮잠마저 빼앗긴 채
또 어디로 쫓겨가야 하는지

동토에도 봄은 오는가?

목마른 대지 위에
먼지만 힘없이 날고
오래 묵혔던 어두운 땅속엔
생명의 연신 하품 소리라

물안개는 가루로 얼어붙고
무겁게 눌리는 동토는
제 제아무리 눈을 가리고
윽박지른다 한들

깊숙이 감춘 몸속의 온기는
누구도 막지 못해
곧 훈풍 소식 오는 날
지구 뚫는 소리 들릴 것

멋진 가을아

아련한 오색 터널 속을
큰 눈으로 걸어보라
부드러운 안개가 자욱해
만져야 보이는 빈손 손
노란 눈들이 먼저 반긴다

황홀이 이런 건가?
눈물이 나도록
순간에 울고 웃는 마술사야
없던 꿈이 번져가는
이 멋진 가을에

온 세상이 내 것인 양
마음껏 봐도 되는 것인가?
세월도 참지 못하고
산신이 조는 사이에
모두가 이 땅의 주인이 되네

명자꽃의 눈물

달구어진 볼에
드리운 연지 그늘은
순진한 눈물 자국
살짝 오므려도 떨리는 저 입술
무슨 말을 하고 싶은지

저 멀리
내 낭군 소식은 아직 인가
추워도 찬바람아 불지 마라
그분 오시는 걸음이 시릴까

도포 자락 휘날릴 즈음
아무도 모르게
노란 황금 가루 가득히
오시는 걸음마다 뿌려 주리라

명자꽃 : 쌍떡잎식물 장미과의 낙엽관목으로 산당화, 처녀 꽃이라고도 함.

모르는 가을

복잡한 세상사에 얽혀
쫓겨 가는 저 먹구름아
창공에 머물고 싶다더니
언제 산봉우리에 걸렸느냐?

물기 머금은 바람은
능선 햇볕에 말려
저 고개 넘기 바쁘고
벌써 배 불린 이파리는
가을 옷을 입으려는데

저 푸른 하늘 아래
앞만 보고 달리는 사람들은
오색 이파리가 아무리 춤추어도
언제 내 곁에 왔는지도 모른단다

봄은 발밑에

게으른 잔설 늦잠에
떨고 있는 이끼야
그래도 얼어 죽지 않고
잘 견뎌낸 장한 생명아

동장군도 모르게
밝은 곳으로 발을 옮기려고
봄소식을 더듬어도
자꾸 움츠려 드는 몸이라

가냘픈 이끼 손으로
비좁은 바위틈을 제아무리 제쳐도
나아갈 수가 없더니
벌써 발밑에 눈이 울고 있네

언 햇살은

밤새 불던 세찬 바람아
너는 잠도 없느냐?
새벽녘 가늘게 뜨는
저 햇살마저 얼려 놓고

넓은 대지는
동면하는 생명을 가슴에 안고
강추위와 애써 싸우다가
제 발등 붓는 줄도 모르고

두꺼운 허공을 뚫은 저 섬광은
선녀의 속살로 내려와
애타는 동아(冬芽) 한 점부터
따뜻한 입김으로 감싼다

동아(冬芽) : 겨울 눈(싹)

여름은

너한테 기억나는 것 하나
오직 폭염뿐
밤낮으로 앓아온 땀범벅
날 괴롭히고도 생각이 없는가?

그렇게 악랄하게 굴던 것이
결국 세월에 먹혀버렸는지
갑자기 조용해지니
꼭 거짓말 같은 딴 세상이라

더위에 괴로워하던 나무가
더 좋은 옷을 입는다고
도저히 믿기지 않는 이 사실
여름이 만든 예술인가?

옷 벗은 매미

내 진실은 어디로 가고
빈껍데기만 외로이
작은 풀 이파리 뒤에 숨어서
이토록 주인만을 기다리는가?

무작정 던져버린 이 옷
알몸으로 떠난 임아
기약 없는 미련에
벌써 여름이 다 가는데
조급한 마음이 자꾸 하늘만 본다

혹 날 찾거든
당신 떠난 그 자리에서
여태껏 기다리다가
이렇게 굳어졌다고 전해주오

철 잃은 명자꽃 · 1

찬바람이 매섭게 설쳐
온밤을 하얗게 지새우더니
그새 흰 이빨 드러낸 채
멋쩍게 웃는 저 서리를 보라

성미 급한 명자꽃아
엄마 몰래 빼져나와
광야에 부는 저 칼바람을
어찌 맞으려 하느냐

다시 돌이킬 수 없는
큰 용감 앞에
얇은 목도리 하나
애써 입에 물고 있느냐

명자꽃 : 쌍떡잎식물 장미과의 낙엽관목 처녀꽃, 산당화라 부름.

철 잃은 명자꽃·2

잠이 덜 깬 채
떨고 있는 앳된 꽃송이야
눈도 못 뜨고
어쩌자고 예까지 왔느냐?

노란 황금 꿈 고이 안고
붉은 입술 오물오물
저 가냘픈 숨소리 하고는
금방 얼어붙을 핏덩어리

밤마다 이 혹독한 겨울을
어떻게 치를까
찬바람아 눈비야 멈추어라
자식 키우는 어미의 심정이니라

폭염의 고통

새벽부터 하늘이 뿌옇게
자꾸 녹아내린다
간밤에 시끄럽게 굴던
매미 소리도 없다

바람아
더운 하늘을 어서 치워다오
안개야
바닥에 앓아누운 이 구름은 어찌하랴

창공아
폭염에 너무 아프다고 울지 마라
손바닥으로 잠시 가린 것뿐
최후의 발악이니
저 세월이 그냥 두지는 않을 것이니

6

생명이 부르는 노래

공항에는

우주 두드리는 저 소리 들어보라
점점 커져 가는 우렁찬 날갯짓이
잠자는 창공을 뇌성으로 때리는
요란한 기지 갠가?

허공을 헤쳐
어디로 오가는지
부지런히 하늘 뚫는 저 함성은
언제나 꿈 나르는 굉음이라

표시 없는 하늘길
무한한 허공에
밤낮이 따로 없는 곳
언제나 큰 목소리로 바쁘다

나뭇가지의 일기

밤낮도 없이
거대한 구름을 쓸고 있는
저 나뭇가지는
언제나 부지런해

겨울에 녹색 옷 빼앗긴 채
이리저리 몰아치는 찬바람에
온 전신이 시려 와도
내 소임 다하는 저 성실성

세상사 더러운 것 못 참는 심성
창공도 팔 걷어붙이니
제아무리 구름이 밀려와도
온 세상은 내 마음 같을 것

녹색의 꿈

청정 하늘에 퍼진 연녹색
바람에 일렁이다가
피어나는 녹색 아지랑이로
우주 문을 두드린다

초롱초롱한 눈망울
얇은 봄 옷이
훈풍에 가늘게 펄럭이는데
그새 제 비밀 드러난 것도 모르고

갓 잠 깬 생명은
연한 녹색 둥지가 어설프고
자꾸 하품하는 사이에
온 산야는 진한 녹색으로 익어가

매미 함성은

숲이 떠나가도록
여럿이 한 목소리로
지휘자도 없이
끊길 듯 잇는 릴레이 함성

듣는 이야 있건 없건
폭염이 날 죽이든 살리든
이제 남은 시간이 아까와
오직 밤낮으로 우는 내 소임이라

아무리 울어도
탓도 없는 이 좋은 세상에
마음대로 울 수가 있으니
지금껏 아무 소득 없어도
목청껏 질러보는 이 자유를

물빛 녹색

폭염이 누벼온 산야에는
목마른 생명이
쉰 목소리로 운 지 오래
물 한 모금이 소원이라

한줄기 생명수
애타게 기다려온 보람인가
우리님 지나는 곳마다
시들던 눈들이 생기 되찾아

벌써 목축인 매미는
큰 나무 보듬고
힘찬 목소리로 세상을 흔드니
빗물로 닦아낸 녹색들이 모처럼 웃는다

물은 외고집

얼음 속 뚫는 송곳 물줄기
아무리 추워도
제 갈 길 떠나는 길손이라
제발 말리지 말라네

쉬지 못해도 원망 안 해
내 앞길이 막혀 있어도
우회하는 길로
아무리 바빠도 서두르지 않아

비좁은 얼음 밑에 지쳐
길게 누워 하늘을 보니
바삐 가는 저 구름도
좀체 쉴 줄 모르는 바보

미세 먼지가 뭔지 · 1

시작도 끝도 없는
혼미한 흙가루 휘 날아
푸른 허공을 다 먹고도
허기진다고 우기는가?

숨 쉴 공간이 모자라
언제부턴가 입 벌린 저 나무는
목이 따가워 울지도 못하고
강한 햇살도 흙먼지에 피멍이라

이 땅의 생명은 무슨 죄가 있어
세상을 이토록 옭아 놓고도
말없이
너만 배불러 웃고 있느냐?

미세 먼지가 뭔지 · 2

먹구름을 먹었느냐?
흙바람을 뒤집어썼는가?
햇볕에 그을려
충충한 하늘을 그려내

온 세상이
네 손바닥이라 까불지 마라
밑도 끝도 없이
바람 분 흔적만 희뿌연 괴물아

세상에서
제일 크다고 자랑 하더니
널 먹고 또 먹었는데도
어찌 내 배는 부르지 않느냐?

미세 먼지가 뭔지 · 3

앞뒤가 어딘지
만져도 느낌도 없는 저 배 속엔
무슨 쓰레기를 삼켰는지
벌써 목이 껄끄러워

하늘이 먼저 뱉어 놓고
계속 콜록 이는가?
나뭇잎도 돌아서고
꿈도 눈을 뜨지 못해

바람 없는 날
곧은 햇살은 부딪쳐 울고
짙푸른 창공아
네 자존심은 어딜 갔느냐?

미지의 지구촌은

지구촌에 내딛는 첫발
부드러운 안개가
온 세상에 가득하니
과연 우주가 보낸 환영인가?

오리무중
아무리 달려도
그냥 그 자리라
이 뿌연 꿈도 나와 꼭 같은지

먼저 보낸 내 마음은
도착이나 했는지
소식이 없어 조급한 성미가
조용한 무소식을 자꾸 닦달해

바늘 바람

살 찌르는 추위 속 고통
바늘 바람이 자꾸 쏘아
피멍 든 세상은
언 한파와 죽기로 싸워

사정없이 찔러대니
산이 무너질 듯
골짜기가 뒤틀리는 고통에
한낮의 햇볕도 감당 못해

내 이럴 줄 알고
미리 감추어 놓은 새 싹은
땅속에서 조용해
저기 죄 없는 너드렁 바위가
우리 대신에 자꾸 시달리고 있어

연녹색 일기

혹독한 세상 견뎌온 여린 생명
훈풍 소식에
살짝 세상 밖을 보니
언제 나왔는지
모두 옛 이야기하는 한낮

못 들어본 여럿 새소리
따뜻한 바람에 손 내미는 이파리
조금도 쉬지 않는 저 물소리는
이 모두가 신기한 세상이라

어둠이 무엇인지
또 캄캄한 겨울인가 두려워
금방 놀던 이들은 다 어디로 가고
새 연녹색 저고리는
입고 있어도 없는가?

자연의 선율

아지랑이 웃는 소리에
곱게 자란 연녹색은
봄이 지나가도
제 꿈으로 짙어가

바람에 눕고 서는
너의 매끈한 춤사위는
큰 너울질로 합해지니
모두가 동색이라 좋아하고

저 멀리 하늘에 맞닿은
희미한 곡선은
언제나 그 자리에서
맑은 날에만 꾸물꾸물 기어가네

자전거 인생

앞뒤로 질서 잘 지켜가는
너와 나는
평생 함께 사는 둥근 인생으로
돌지 않는 순간엔
그냥 자빠지는 법부터 배워

평생 쉬어 갈 줄 모르는
저 육중한 지구를 보라
어떠한 경우에도 멈출 줄 몰라
저 거대한 몸통을 어떻게 돌릴까?

자전거와 지구는
언제부터 저토록 둥글게 살아왔을까
두 바퀴는 벌써 지쳐 쉬는데
하나뿐인 너는 어찌

지구의 침묵

하늘 높이 날아보라
지구밖엔 무슨 소린지
아무것도 들리지 않아
날개 밑에 윙윙 바람 가르는 소리뿐

세상일 모두 훨훨 벗어
갑자기 가벼워진 이 한 점
그냥 떠가는 지금
발아래 저 구름 덩치도 나와 같을까?

창공에 그을린 푸른 하늘은
이토록 맑고 조용한데
먹구름이 제아무리 방해해도
우주는 언제나 침묵으로 일관해

태풍 선발대

큰 기상 괴물 행차에
깃발 앞세운 선발대가
세상 헤쳐 달아나는
저 무서운 먹구름 기세라

어디로 급하게 출전하는지
내 가는 길에
거치적거림아 죽을 줄 알라
모조리 쳐부수려는 성질머리
번개 칼로 휘두르는 겁박질

그래도 분이 풀리지 않은지
이리저리 치고 찢는 고함질로
우주를 통째로 뒤흔드니
겁먹은 눈들이 동그랗게 모여
모두가 죄인이라 조용히 엎드려 준다

폭염아

불덩이로 갇아 놓은 공간
후덥지근까지 불러와
숨쉬기조차 어려운 지금
아우성도 못 나오는 갑갑한 정적

미동하는 이파리 한 점 없는가?
리듬 잘 태우던 매미도
시원한 바람 한줄기 애써 부르건만
전신에 흐르는 땀범벅뿐

이제는 메아리도
돌아오지 않는 한낮에
먼 산 녹색마저 녹아지니
제아무리 악랄해도
밤에는 네놈도 잠은 잘 테지

폭염의 희열 · 1

하늘 향해 뻗은 손은
물 한 모금 애타게 찾는
목마른 사투의 길

말라비틀어진 이파리
힘없이 길게 늘어뜨리고
뜨거운 햇볕에 가빠오는 숨소리
오늘도 메마른 열기와 또 싸워야 하는
지겨운 전쟁터

희미해진 하늘에
홀로 떠가는 저 구름도 녹는지
아무거나 붙잡고 하소연할
그늘 한 점도 없는데
불구덩이에서 늦도록 달구어진 노을아
너는 어찌하면 좋으냐?

폭염의 희열·2

무더위를 깔아 놓은 세상
산 정상에 올라보니
수풀 풀벌레도 나 죽는다 하고
늘어진 그늘마저 주인을 몰라보는 한낮

실수로 부는 바람도
뙤약볕이 삼켰는지
얄미운 풀잎 하나 까딱하지 않아
뜨거운 정적이 먹어버린 갑갑한 공간

어디를 가도
폭염만 웃는 세상인가?
숲속을 아무리 헤쳐도
무모한 땀 찜질 뿐
이 놈아
마지막 내 숨소리까지 내놓으라는 것이냐?

푸른 시

저 높은 푸르름이
가을 하늘에 섞여 노는 날
유유히 떠가는 한가로운 시구야
그냥 두면 흘러가 버릴까

짧은 팔을 크게 벌려
살며시 집는다
삼라만상은 어떻게 알고
이토록 고운 시를 띄웠을까?

내 멍청한 머리로
주워 담기가 어려워
종일토록 허우적거리는 바보
이 영롱한 푸른 시구를 어찌해야 됩니까?

푸른 하늘은

저 멀리
희미한 능선이
하늘에 붙었는가?
언제나 그 자리에 숨은 그림

희뿌연 허공이 떠 있는 곳에
여럿 꿈이 희석된
너와 나는 한통 속
그 흔적마저 지워진 실낱 곡선이라

이제는
먼 녹색도
푸른 하늘도
청춘이 멀어져 가는지
그저 눈이 침침해지는가 보오

허공 · 1

침묵만 떠 있는 이곳
무엇을 묻기도 전에
모른다는 말도 없는 너는

이해도 용서도 필요도 없는
밋밋한 공간에
무지만 흩어져 있는 심상이라
그저 무색보다 더 없는 허상

저기 구름 아래
시끄러운 세상이
이토록 조용한 허공인 줄 알면
금방 오염될 것이라
아이야 여기는 그대로 비켜나세

허공 · 2

아무리 불러도
돌아오지 않는 메아리라
밤낮으로
머물다 가는 세월만이더냐

미움도 성냄도 필요 없는
신선마저 지겨운 이곳
그 흔한 희로애락은 어디 가고
잿빛 침묵만 늘어져

이곳에는
심신 모두 버려야만
같이 살아갈 수 있는 것인가?
얼마나 내공이 쌓여야 하는지
죽어도 그냥은 못 오겠네

최인락 시집

풀잎 생각

2019년 12월 25일 초판 인쇄
2019년 12월 31일 초판 발행

지은이 / 최인락

발행인 / 강병욱
발행처 / 도서출판 교음사

03147 서울 종로구 삼일대로 457 수운회관 1308호
Tel (02) 737-7081, 739-7879(Fax)
e-mail / gyoeum@daum.net

등록 / 제 2007-00052호

* 잘못된 책은 바꾸어 드립니다. 값 10,000 원

ISBN 978-89-7814-762-0 03810

이 도서의 국립중앙도서관 출판예정도서목록(CIP)은 서지정보유통지원시스템 홈페이지(http://seoji.nl.go.kr)와 국가자료공동목록시스템(http://www.nl.go.kr/kolisnet)에서 이용하실 수 있습니다. (CIP제어번호 : CIP2019053163)